Thoma · Münchner Karneval

LUDWIG THOMA, 1867 in Oberammergau geboren, studierte Forstwissenschaft und dann Jura in München und Erlangen. Von 1893 bis 1899 arbeitete er als Rechtsanwalt in Dachau, danach in München. Seit 1899 war er Mitarbeiter des »Simplicissimus«, seit 1907 des »März«. Thoma starb 1921 in Rottach/Tegernsee. Zu seinen bekanntesten Werken zählen »Ein Münchner im Himmel«, «Lausbubengeschichten« und »Josef Filsers Briefwexel«.

edition monacensia
Herausgeber: Monacensia
Literaturarchiv und Bibliothek
Dr. Elisabeth Tworek

Ludwig Thoma
Münchner Karneval

Lustige Verse

Mit 58 Zeichnungen
von Ferdinand von Reznicek
und Brynolf Wennerberg

Mit einem Nachwort von Bernhard Gajek

Allitera Verlag

Dieses Buch erschien erstmals 1913
bei Albert Langen, München

Weitere Informationen über den Verlag und sein Programm
unter: www.allitera.de

Bibliographische Information Der Deutschen Bibliothek
Die Deutsche Bibliothek verzeichnet diese Publikation in der
Deutschen Nationalbibliographie;
detaillierte bibliographische Daten sind im Internet
über <http://dnb.ddb.de> abrufbar.

2. Auflage
November 2014
Allitera Verlag
Ein Imprint der Buch&media GmbH, München
© 2006 für diese Ausgabe:
Landeshauptstadt München/Kulturreferat
Münchner Stadtbibliothek
Monacensia Literaturarchiv und Bibliothek
Leitung: Dr. Elisabeth Tworek
und Buch&media GmbH, München
Umschlaggestaltung: Kay Fretwurst
unter Verwendung der Titel-Illustration der Ausgabe von 1913
Herstellung: Books on Demand GmbH, Norderstedt
Printed in Germany · ISBN 978-3-86520-179-9

Inhalt

Das Abenteuer des Gymnasiallehrers · 7

D' Marie · 22

Der Tanz · 36

Lilly · 50

Familie Ramler · 65

Berhard Gajek: Nachwort · 80

Das Abenteuer des Gymnasiallehrers

In Freising lebte ein Professer,
Der nicht aus Zufall Josef hieß;
Nein, er verdient den Namen besser
Durch alles, was er unterließ.

Ein Philolog' und deutscher Gatte,
Kannt' er die Liebe nur als Pflicht,
Die Zweck zur Volksvermehrung hatte,
Doch keine andern Reize nicht.

Nun hörte er von den Kollegen,
Wie man in München sich ergötzt.
Er war schon im Prinzip dagegen,
Und war im Vorhinein verletzt.

Er suchte gleich in diesen Bildern
Den eigentlichen Wesenskern,
Um sie mit Abscheu dann zu schildern;
Denn alles andre lag ihm fern.

Doch als er sich damit befaßte,
Beschloß er auch, dorthin zu gehn,
Um dieses Treiben, das er haßte,
Sich einmal gründlich anzusehn.

Und so kam Josef an die Stätte,
Wo Bacch- und Venus sich vereint,
Wo unsre Scham – wenn man sie hätte –
Am Grabe unsrer Unschuld weint.

An hundert hochgewölbte Büsten
Umtanzen uns und drängen her,
Und will man *hier* sich recht entrüsten,
So sieht man *dort* schon wieder mehr.

Die Sittlichkeit ist hier nur Fabel,
Und jeder merkt, hier weilt sie nie.
Das Auge schweift bis an den Nabel,
und weiter schweift die Phantasie.

Ein Rausch kommt über Josefs Sinne,
Und ihn ergreift ein Schönheitsdurst.
Mit einmal sind ihm deutsche Minne
Und deutsche Treue ziemlich wurst.

Er stürzt sich in die Freudenwoge
Und fragt ein Mädchen: »Willst auch du?«
Sie sagt: »Sie sind wohl Philologe?
Man kennt's am abgelatschten Schuh;

In Ihrem Barte hängen Reste
Von Linsen und von Sauerkohl!
Ich danke Ihnen auf das beste,
In mir – da täuschen Sie sich wohl?«

Mein Josef konnte es nicht fassen,
Was seiner Tugend widerfuhr;
Er wollte sie herunterlassen –
Und dem Geschöpf mißfiel es nur!

Schon fühlt' er Ekel vor dem Treiben
Und fühlt' sich von Moral umweht;
Man kann ja niemals reiner bleiben,
Als wenn ein Mädchen uns verschmäht.

Indessen war im Schicksalsfügen
Für Josef Härtres aufgespart.
Er stürzte nochmal ins Vergnügen
Und kämmte vorher seinen Bart.

Das zweite Mädchen – angesprochen –
Hatt', etwas minder preziös,
Mit manchem Vorurteil gebrochen
Und sagte bloß: »Ach, Sie sind bös!«

Sie hatte einen, der bezahlte,
Er hatte einen Domino,
Mit dessen Gunst er sichtlich prahlte,
Und beide waren herzlich froh!

Wie ein Moralprinzip verschwindet
Selbst aus dem stärksten Intellekt,
Wenn man ein hübsches Mädchen findet
Und eine Flasche guten Sekt!

Auch Josef mußte dies erfahren,
Und an sich selbst sah er die Spur
Der ewig gleich unwandelbaren,
Das All beherrschenden Natur.

Schon wollt' er sich im Walzer drehen
Und sucht' im Tanze den Genuß;
Doch mußte er sich eingestehen,
Daß man auch dieses lernen muß.

Er mühte schwitzend sich im Kreise,
Er drehte sich nach rechts und links,
Versucht's auf die und andre Weise
Und fand's unmöglich schlechterdings.

Er wußte zwar von den Hellenen,
Wie man im Auftakt sich bewegt,
Doch lernt' er leider nicht bei jenen,
Wie man das Schwergewicht verlegt.

Mit stattlichem Gelehrtenschuhe
Trat er dem Mädchen auf die Zeh';
Sie bat ihn flehentlich um Ruhe,
Denn auf die Dauer tut es weh.

So blieb ihm nichts mehr, als zu trinken;
Er war Germane, und er trank
Und durft' in Seligkeit versinken
Mit seinem Mädchen, und versank.

Er dacht' an Bacchus und Tribaden,
Wie so der Wirbel um ihn schwoll;
Schon fühlte er die zarten Waden,
Und wurde glücklich, – wurde voll.

Es jauchzt um ihn mit gellen Tönen,
Ein jeder Busen atmet wild,
Die Haare lösen sich der Schönen,
Und immer wilder wird das Bild.

So hat es Juvenal beschrieben!
So hat es Martial geschaut!
Ein Prosit allen, die sich lieben!
Und Evoë für jede Braut!

Was ist Moral! Nur eine Blase,
Steigt kränklich im Gehirne auf.
Die Sünde kommt uns in die Nase
Und nimmt von selber ihren Lauf.

Et cetera! So ging es weiter.
Was hilft die Philologenzunft?
Auch Professoren werden heiter
Und werden wild in ihrer Brunft.

Nach so viel Sekt und Süßigkeiten
Schmeckt uns die Weißwurst und das Bier.
Der Abschluß ist das Heimbegleiten
Für jedes Paar. Warum nicht hier?

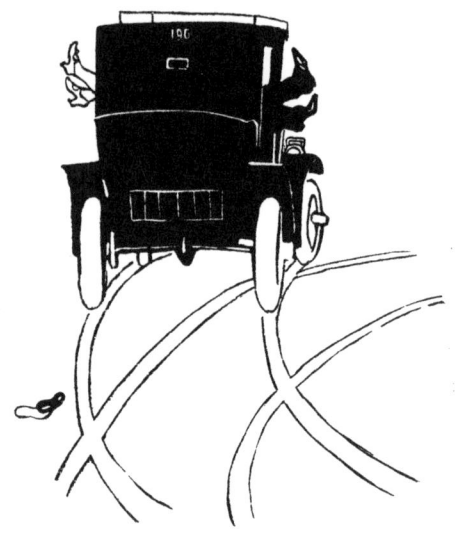

Auch Josef saß in einem Wagen
Und fühlte, wie an ihn sich preßt,
Was hier nicht unbefangen sagen,
Doch sich sehr einfach denken läßt.

Er fühlte seine Pulse hämmern,
doch wußt' er nicht, was sonst geschah;
Denn seinen Sinn umfing ein Dämmern,
Daß er nichts mehr Genaues sah.

Er stolpert hastig über Stiegen
Und fällt auch irgendwo ins Bett,
Und muß sehr lang darinnen liegen –
Das übrige war wundernett.

Er hat die Zeit bis Abends sieben
Bei diesem Mädchen zugebracht,
und fuhr alsdann zu seinen Lieben
nach Freising etwa um halb acht.

Als er daheim nun angelangte,
War er von solcher Müdigkeit,
Daß seine Frau um ihn sich bangte;
Sie macht' das Bett für ihn bereit.

Und Josef hat sich ausgezogen
Und sprach, daß er erkältet sei,
und hat noch dies und das gelogen,
Denn eine Frau frägt vielerlei.

Daß Lügen kurze Beine tragen,
Das zeigte sich hier wunderbar;
Denn Josef ward so ganz geschlagen,
Daß hier für ihn kein Ausweg war.

Er trug – da gibt es kein Entrinnen
Und kein Erklären so und so –
Er trug aus duftig weißem Linnen
– Das Höschen seines Domino –!

D' Marie

Marie Seibold war nun schon
Drei Jahre in der Kondition
Als Kellnerin beim Hackerbräu.
Auch war sie fleißig, ehrlich, treu.

Das Leben einer Kellnerin
Fließt nicht in lauter Unschuld hin.
Die Gäste werden leicht frivol,
Beeinflußt durch den Alkohol.

Sehr häufig zeigt ein alter Mann
Gefühle, die er nicht mehr kann;
Die Zote ist der letzte Trieb,
Der ihm von allem übrigblieb.

Die Kellnerin ist das Objekt
Für Witze, die man sonst versteckt,
Wie meckert so ein alter Greis,
Wenn er was Ordinäres weiß!

Wie herzlich lacht der Großpapa,
Und tut hihi und tut haha!
Und denkt sich, eine Kellnerin
Nimmt jeden Unflat gerne hin.

In dieser Welt der Sinnenlust
Blieb Marie immer selbstbewußt,
Was sie vernahm, war oft gemein,
Jedoch ihr Herz blieb sittenrein.

Kein Fähnrich und kein Korpsstudent
Erschütterte ihr Fundament,
Ja selbst der schönste Offizier
Erreichte niemals nichts bei ihr.

In ihrem Busen war kein Platz
Für Liebe oder einen Schatz,
Sie blieb das ganze Jahr allein
Und mochte nicht und sagte »nein«.

Indessen, wer es recht versteht,
Der weiß ja selber, wie das geht,
Die Tugend ist ein Zwangssystem
Und insofern nicht angenehm.

Ihr Gegenteil ist ein Genuß;
Man hat sie bloß, weil man sie muß,
Man gibt sie weg, sobald man kann,
Es fragt sich nur: mit wem und wann.

Er hieß mit Namen Konstantin
Und kam durch einen Zufall hin.
Als Maler brauchte er Kredit
Und teilte es dem Mädchen mit.

Sie pumpte ihm. Man weiß es ja:
Vertrauen bringt die Herzen nah,
Und so erwachte auch für sie
Der erste Keim der Sympathie.

Ein Weib fühlt stets für einen Mann,
Dem es mit etwas helfen kann,
Die Regung schöner Zärtlichkeit,
Die dann naturgemäß gedeiht.

Das Wohlgefallen wächst an Kraft,
Die Neigung wird zur Leidenschaft,
Und wenn das Schicksal sie nicht trennt,
Kommt das geschlechtliche Moment.

Auch hier in dem besondern Fall
Ging es wie stets und überall,
Am dritten Tag war Konstantin
Das Ideal der Kellnerin.

Er selber nahm es mehr als Scherz,
Denn ein erprobtes Männerherz
Gibt mancherlei Gefühlen Raum
Und tändelt bloß und merkt sie kaum.

Indessen auch im leichten Spiel
Verfolgt man das bewußte Ziel,
Das jenseits von der Tugend liegt,
Die selten kämpft und niemals siegt.

Natürlich nahm es Konstantin
Als ziemlich selbstverständlich hin,
Daß sie ihm gern und liebevoll
Das Allerbeste opfern soll.

Sie sträubte sich; doch war der Ton
Mit dem sie's tat, Gewährung schon.
Es klang in das verschämte »Nein«
Ganz leise hörbar »ja« hinein.

»O Marie, tu nur zimperlich!
Was wetten wir, ich kriege dich«,
So sprach sehr oft der Konstantin
Indem er heimging, vor sich hin.

Die Zeit für einen Sündenfall
Ist sicherlich der Karneval,
Man hat den Ort, man hat die Zeit,
Verführung und Gelegenheit.

Man sagt ganz harmlos: Ach herrje!
Wie wär's mit einem bal paré?
Man bietet sich zum Schutze an,
Damit das Mädchen gehen kann.

Das arme Ding, das gar nicht ahnt,
Was man so nebenbei noch plant,
Sagt höflich: »Ja, da gehen wir.«
Es denkt nur an das Tanzpläsier.

Das Lamm, das auf der Wiese springt,
Folgt seinem Metzger unbedingt
Und denkt an keine arge List,
Bis daß es dann geschlachtet ist.

Der Schmetterling fliegt in das Licht
Und denkt an keine Folgen nicht;
Der Vogel merkt den Leim erst dann,
Wenn er nicht mehr von hinnen kann.

Und kurz und gut, manch schönes Kind
Ist harmlos, wie die Tierchen sind.
So fiel auch Marie ohne Arg
Und Ahnung in den Tugendsarg.

Die Geige klingt, die Flöte pfeift;
Wie so ein Walzer uns ergreift!
Das Herz des Mädchens quillt empor,
Es kommt ihm alles göttlich vor.

Tira – la – lala – ach wie gut!
Es klopft der Puls, es wallt das Blut,
Er tanzt auch links mit viel Geschick,
Und immer feuchter wird der Blick.

»Mein Herr, Sie tanzen gar zu eng!«
»Das kommt von selber im Gedräng,
Entschuldigung, das war mein Knie,
Ich höre auf.« »Nein, bleiben Sie!«

Wie sich das Arm im Arme wiegt!
Wie sich das Herz am Herzen liegt!
»Bist du mir gut?« »So sei doch still!«
»Nein, sag mir, was ich wissen will!«

Es rötet sich das Angesicht.
»Ach, Konstantin, ich sag' es nicht,
Ach, Konstantin, du weißt es schon!«
Da schweigt der süße Geigenton.

Sie ist erschöpft. Ein Gläschen Sekt
Erleichtert ihm, was er bezweckt,
Es kommt nun, wie es kommen muß,
Ein langer Kuß, und noch ein Kuß.

»Um Gottes willen, Konstantin!
Wo denken Sie denn wirklich hin?«
»Und sträube dich nicht immerzu,
Es gibt kein ›Sie‹, wir sagen ›du‹?«

Im Palmengarten wird es schwül,
Es steigert sich das Lustgefühl;
Wie sich ihr Busen hebt und senkt!
Ihr Auge sagt, was sie sich denkt.

O, Marie, du bist auf der Bahn,
Die abwärts führt. So geht es an.
Ein Kuß ist so gefährlich nicht,
Doch schlimm ist das, was er verspricht.

Sie schmatzen wieder. Tätere--tä!
Man bläst das Zeichen zum Fraßä.
Autsch Mädchentugend! Autsch Marie!
O kehre um! Jetzt oder nie!

Sie bleibt und spricht der Sitte Hohn.
Ihr guter Engel ist entflohn,
Und nun entwickelt sich im Saal
Das wohlbekannte Bacchanal.

Es steigern sich bei jeder Tour
Die wilden Triebe der Natur;
Es fliegt das Bein, es fliegt der Rock,
Ein jeder Jüngling wird ein Bock.

Beim Tanz gilt keine Kunst.
Man dreht sich nur in toller Brunst,
Man jauchzt besessen, schreit und stampft,
Man lacht und brüllt und schwitzt und dampft.

Du süße Unschuld, lebe wohl!
Das andre macht der Alkohol.
Du hast's erreicht, mein Konstantin!
Sie ist verloren. Nimm sie hin!

Und bei dem letzten Flötenpfiff
Erlosch ihr letzter Schambegriff,
Sie duldet jeden Händedruck,
Verzichtet auf den Tugendschmuck.

Und das Programm entwickelt sich,
Verliebt, begehrlich, liederlich,
Sie ißt noch Weißwürscht, geht zu ihm.
Nun sind ja wieder zwei intim.

Maria ist nach dieser Nacht
In seinem Atelier erwacht,
Und von derselben Stunde an
Geriet sie auf die schiefe Bahn.

Sie schäkert jetzt mit jedem Gast,
Und freut sich mehr als jede fast,
Wenn so ein ordinärer Greis
Am Stammtisch was Gemeines weiß.

Der Tanz

Das Tanzen gilt als ein Vergnügen,
Bei dem sich zwei zusammenfügen,
Und sich – statt gradeaus zu gehen –
Nach links und rechts im Kreise drehn.

Wenn wir sein Wesen recht erkennen,
Wird man das Tanzen *Arbeit* nennen,
Man hat den triftigsten Beweis
In dem dabei vergoßnen Schweiß.

Hier untersucht nun der Gelehrte:
Zum ersten schafft sie keine Werte,
Zum zweiten aber hat davon
Der Arbeitnehmer keinen Lohn.

Es dreht von acht bis morgens fünfe
Und immer gratis eine Nymphe.
Dies bildet doch ein Unikum!
Und deshalb frage ich: warum?

Erfolgt es wirklich unentgeltlich?
Geschieht es nicht doch vorbehältlich?
Entledigt man sich seines Specks
Ganz ohne Hinblick eines Zwecks?

Hier ist der Angelpunkt der Frage,
Und ihre Lösung tritt zutage:
Der Tänzer leistet nur so viel
In Hoffnung auf ein Nebenziel.

Es kann sich jede Nymphe denken,
Wenn Männer sie im Kreise schwenken,
So hofft er schließlich, daß vielleicht
Er das Betreffende erreicht.

Es gibt natürlich Unterschiede:
Der eine sucht es *bona fide*,
Der andre will als Schmetterling
Die Blume ohne Ehering.

Im Bürger- und Familienkränzchen
Verbirgt der Teufel schlau sein Schwänzchen.
Auch ist die Mutter nah dabei,
Damit es niemals lüstern sei.

Man hält sich zart in der Bewegung,
Man unterdrückt die schlimmste Regung
Und ist voll Ernst, indem man spricht
Von Ideal, Beruf und Pflicht.

Beim Walzer hält man sich manierlich,
Nie leidenschaftlich, immer zierlich.
Das Zeichen, daß man sich was denkt,
Ist auf den Händedruck beschränkt.

Das Auge schweift voll Seelenadel
Kaum einmal auf die Busennadel,
Und stößt im Drehen Bein an Bein,
So muß es unversehens sein.

Der Ball der gut erzognen Töchter
Dient auch zum Finden der Geschlechter,
Doch sucht hier alles die Partie;
Die Sinnenfreude sucht man nie.

Die Mädchen sind bloß »heimzuführen«
Und deshalb ausgestellt. Berühren
Darf sie der Käufer hinterdrein.
So ist's reell und sittenrein.

Wie anders denkt man auf dem Lande
Beim kernhaft echten Bauernstande!
Hier prüft man erst den Vorgeschmack
Und kauft die Katze nicht im Sack.

Hier kann man schon den Zweck verstehen,
Wenn sich im Dorf die Paare drehen.
Des biedern Burschen große Hand
Ruht auf dem schönsten Gegenstand.

Dort, wo es sich nach hinten rundet,
Hat er durch festen Griff erkundet,
Daß mancherlei vorhanden ist,
Was er nicht gerne hier vermißt.

Sein starker Druck gilt ihr als Zeichen,
Er möchte erst noch mehr erreichen.
Sie lacht. Geschlossen ist der Bund.
Ich heiße dieses kerngesund.

Hat sie ein nettes Tanzvergnügen,
Warum soll er nicht seines kriegen?
Und trinkt sie mit von seinem Bier,
So wär' es auch nicht schön von ihr.

Ja, meine Herrn, das ist doch sicher
Viel edler und viel säuberlicher,
Als, den ich oben erst beschrieb,
Der Heirats- und Versorgungstrieb!

Und sprecht mir nicht von Ehrbegriffen!
Aufs Standesamt ist schon gepfiffen,
Natur genügt uns auch allein;
Nicht alles muß gestempelt sein.

In Schwabing auf dem Bauernballe
Begegnet man dem gleichen Falle.
Das Künstlervolk denkt auch so groß
Und ehebundsbedürfnislos.

Dem Malweib in Reformkostümen
Ist das besonders nachzurühmen.
Die Malerin braucht kein Papier,
Der Amor kommt auch so zu ihr.

Sie geht zum Ball als Gänseliesl;
In kurzen Hosen kommt der Hiesel,
Mit rauhem Griffe packt er sie
Und hat schon ihre Sympathie.

Ein Juhschrei und ein falscher Schnalzer,
Dann dreht er sie im wilden Walzer
Und merkt beim ersten Schritt: Wie nett!
Das Mädel hat ja kein Korsett!

Und was ihm da entgegenschwabbelt,
Ist wunderhübsch; das kribbelt, krabbelt
Und macht ihm einen Hochgenuß,
Daß er sie schleunig küssen muß.

Und rechts und links ein wildes Stampfen,
Die Paare drehn, die Paare dampfen,
Beim Liesel hüpft es hin und her,
Der Hiesel spannt's und freut sich sehr.

Die rechte Hand verirrt sich schmeichelnd,
Ganz unvermerkt den Busen streichelnd,
Und Liesel duldest's ohne Groll,
Sie schaut verwirrt und seelenvoll.

Die Tour ist aus. Die Malerinnen
Sind nun schon alle fast von Sinnen,
Die Liebe schwillt, die Sehnsucht platzt,
Daß Lippe fest auf Lippe schmatzt.

Dann eine Maß in Kellerräumen;
Man heißt den Zustand »Selig träumen«,
Wenn er ihr Bein berührt, damit
Sie ihn auf seinen Plattfuß tritt.

Der Biergenuß kann's nur verschlimmern,
Wie immer bei den Frauenzimmern,
Und Liesels Augen werden feucht,
Der Hiesel weiß: es ist erreicht.

Schon wird sie kühn und ausgelassen
Und läßt ihn dies und jenes fassen.
Sie schmilzt in heißem Liebesdurst,
Der Ehrbegriff ist ihr schon wurst.

Und wird der Hiesel sie verstehen,
Dann kann er jetzt nach Hause gehen.
Die Welt erlebt ein Ärgernis
Mit Sündenfall und Apfelbiß.

Sie schleichen still im Morgendämmern
Durch Schwabing. Ihre Pulse hämmern,
Sie stehen schon vor seinem Haus.
Schutzengel, komm! Sonst ist es aus.

Der Engel, ach! ist ausgeblieben,
Das andre denkt euch, meine Lieben!
Im vierten Stock ein Atelier
Und bloß ein schmales Bett – adje!

Lilly

Sie stammte wohl aus Hamburgs Mauern,
Das dorten an der Elbe liegt,
Und hat zu mancher Leut' Bedauern
In München hier ein Kind gekriegt.

Die Mutter als gebor'ne Holle
Vermählte sich mit Menk & Sohn;
Er handelte *en gros* in Wolle,
Und Lilly war das Kind davon.

Bemerkt sei, daß der Elternvater
– Und zwar derjen'ge mutterseits –
Auch mitregierte als Senater,
Vor siebzig Jahren schon bereits.

In einer solchen Geldfamil'che
Kann nur der Anstand heimisch sein;
Man zieht ihn mit der Muttermilche
Als selbstverständlich mit hinein.

Es war nun Lilly auch in Liebe
Zur schönheitsreichen Kunst entbrannt,
Und sie entwickelte die Triebe
Teils ölgemalt, teils angewandt.

In solchen Fällen des Talentes
Zieht alle Welt nach München her,
Zum Studium des Ornamentes,
Zur Kunst im Handwerk in die Lehr'.

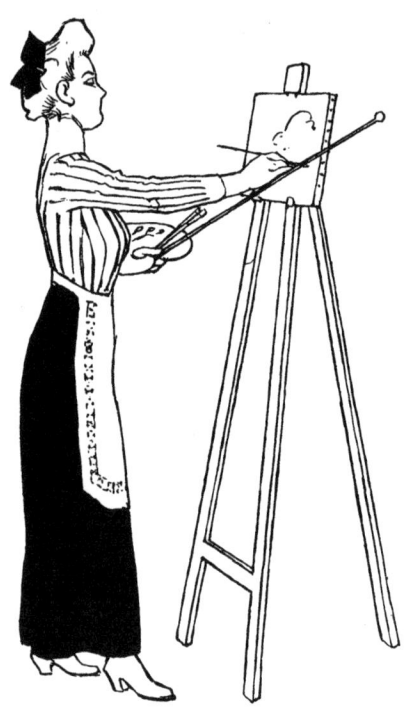

Auch Lilly Menk war angekommen
Voll Eifer und Bemalungssucht.
Wie hat ein Ende es genommen
Mit illegaler Leibesfrucht?

Wenn man 'nem Kind das Beste bietet,
Dann glaubt man, es wird keusch und klug;
Doch Lilly hat sich eingemietet
In Schwabing, und das sagt genug.

Hier ging sie zu dem Malprofesser,
Wo sie den Geist der Kunst erfuhr,
Das Stilgefühl als Schönheitsmesser,
Die Ohrenschneckenhaarfrisur.

Auch sonst begann sie sich zu ändern,
Als an der Freiheit sie genippt,
Sie ging jetzt in Reformgewändern,
In denen leicht der Busen schwippt.

Und mit den andern Kunstbefliss'nen
Versank sie tiefer in den Sumpf,
Ging öfter aus mit 'nem zerriß'nen
Und durchgebrochnen Seidenstrumpf.

Sie trug mit größter Seelenruhe,
Noch eh' ein Vierteljahr verging,
Die abgelatschten Knöpfelschuhe
Und achtete es ganz gering.

Ein Weib verliert den Grundcharakter,
Wenn es den Ordnungssinn verliert;
Die Tugend scheint ihm abgeschmackter,
Sein fester Halt wird demoliert.

Man sieht es bald ins Laster hüpfen
Mit einem kühnen Sprunggelenk.
Nun lasset mich den Schleier lüpfen
Von unsrer armen Lilly Menk!

Sie nahm sich Atelier und Zimmer
Im vierten Stock mit eigner Tür,
Da gibt Gelegenheit sich immer
Zu der und jener Ungebühr.

Erst wußte sie wohl selbstverständlich,
Da sie aus Hamburg war, es nicht:
In dieser Stadt ist unabwendlich
Die Keuschheit eine Lebenspflicht.

In München ist es nicht dasselbe,
Hier kann man vieles eher tun,
Als wie in Hamburg an der Elbe
Als unerfahr'nes dummes Huhn.

Es war gerad' in jenen Tagen,
Da sich der Karneval erhob,
Wo das Vergnügen sozusagen
Sich in die Mädchenherzen schob.

Redouten, Bälle, Künstlerfeste,
Der *Bal paré* noch obendrein,
Wie kann dagegen selbst die Beste
Und Keuscheste gepanzert sein?

Nicht weit von ihr wohnt' ein Schlawiner,
Ganz ohne Geld und Broterwerb,
Sein Vater wirkte als Rabbiner,
Er selbst war nichts als bloß ein Serb'.

Doch trug er lange, schwarze Haare
Und eingeschmiert mit Nierenfett.
Ein Mädchen sieht darin das Wahre
Und findet es auch wundernett.

Sein Angesicht war nicht gewaschen,
Doch lag darin ein stiller Schmerz;
Der kam von leeren Hosentaschen
Und rührte jedes Frauenherz.

Man muss dazu aus Hamburg stammen
Und unverstand'nes Mädchen sein,
Dann steht man gleich in hellen Flammen
Für ein Schlawinermoschusschwein.

Wenn nur die Reinlichkeiten fehlen,
Was liegt der Malerin daran?
Für hochgestimmte Künstlerseelen
Ist Seife bloß ein leerer Wahn.

Nach diesem hier Vorausgeschickten
Will ich bemerken, daß sie sich
Zum erstenmal ins Auge blickten
Bei Klarinett und Geigenstrich.

Bei einem Künstlerlumpenballe
Ergab sich dieses Resultat,
Daß Lilly Menk in ihrem Falle
Vom Unschuldspfad danebentrat.

Ach Gott! Man kann im großen ganzen
Die armen Mädchen schon verstehn,
Wenn die Prinzipien beim Tanzen
Bei ihnen aus dem Leime gehen.

Das junge Blut muß sich erhitzen,
das Herz ist sowieso entblößt,
Und bei dem fortgesetzten Schwitzen
Wird schließlich alles aufgelöst.

Und die verfluchten Walzertakte!
Die sind die rechte Melodie
Zum illegalen Trauungsakte
Und zur verbot'nen Lustpartie!

Wer dieses einmal recht begriffen,
Das Tralala im Wiegeschritt,
Hat auf die Tugend halb gepfiffen
Und gibt sie preis, i gitt, i gitt!

Als Lilly sich an Mirko drückte,
Vergaß sie alles ganz und gar,
Was sich für sie und Hamburg schickte,
Und was ihr früher heilig war.

Sie spitzte ihre Rosenlippen,
Er spitzte auch sein fettes Maul,
Die Unschuld mußte überkippen,
Die Keuschheit war im Kerne faul.

Und Walzer, Schottisch und Française,
Ein Knutschen hier, ein Knutschen dort,
Wie sich das alles sachgemäße
Entwickelte so fort und fort!

Sie saßen in der großen Pause
Schon hinter einem Tannenbaum.
Zuletzt ging er mit ihr nach Hause,
Und da begann ihr Liebestraum.

Vorbei war's mit den Stilgefühlen,
Sie mußten schweigen. Vorderhand
Hat sie die Kunst nicht mehr an Stühlen
Und an Kommoden angewandt.

Für Teppich- und Tapetenmuster
Erlosch ihr Malerinnensinn,
Sie liebte täglich unbewußter
Und sah das wahre Glück darin.

Sie sprach nicht mehr von Farbenflecken,
Nicht mehr von »echt«, nicht mehr von Kitsch;
Sie wollte nur zusammenstecken
Mit Mirko Stanko Dobrowitsch!

Den Schluß kann man sich selber denken;
Von sowas kommt ein Kind davon,
Doch schwerer ist's, sich zu versenken
In das Gefühl von Menk & Sohn.

Die Mutter als gebor'ne Holle
War trostlos oder desperat
Und wußt' nicht, was sie sagen solle,
Daß *ihre* Tochter so was tat!

Als Enkelin von 'nem Senater
Jetzt eine Serbengroßmama!
Und ähnlich dachte auch der Vater,
Sobald er die Bescherung sah.

Indes, man muß es mal goutieren,
Und wenn es noch so häßlich röch'!
Und muß die Sache korrigieren
Vielleicht durch eine Hochzeit? Nöch?

Nun wurde Lilly eine Serbin,
Denn Mirko dachte sich als Mann,
Daß man mit Geld und einer Erbin
Am Ende schöner leben kann.

Wie lange sie am Honig schlürfen?!
Und was es für ein Ende nimmt??!
Doch, daß sie *nicht* nach Hamburg dürfen,
Das weiß ich heute schon bestimmt.

Familie Ramler

Herr Ramler war in München Rentner.
Er wog die zwei bekannten Zentner
Und wohnte in der Lindwurmstraß',
Wo er dazu ein Haus besaß.

Sein Barvermögen, wie sie sagen,
Hat vierzigtausend Mark betragen,
Das ist verzinst mit vier Prozent
Ganz hübsch. Und Ramler war solvent.

Er war nicht tätig und geschäftlich
Und auch nicht arbeitsleidenschäftlich,
Er nahm den Mietzins pünktlich hin
Und steigerte auch manchmal ihn.

Er ließ sich jeden Tag verlocken
Zu Tertel, Schaffkopf und Tarocken,
War bei drei Kegelabend' und
Beim Zimmerstutzenschützenbund.

Ich dächte, hiemit sei gegeben
Der Inhalt von Herrn Ramlers Leben.
Und sie – was seine Frau betraf –
Hieß Zenzi und geborne Graf.

Sie war natürlich neununddreißig,
In ihrem Fache auch so fleißig
Wie seinerseits der Herr Gemahl,
Der Gatte ihrer frühern Wahl.

Fast als der Inhalt von zwei Blusen
Erschien ihr ungeheurer Busen.
Für jemand, der die Fülle liebt,
Der schönste Anblick, den es gibt.

Und dann die Rundung unterm Rücken
War meterweise ein Entzücken,
Im Geiste legt' man seine Hand
Auf dieses schöne Wunderland.

Man kann sich denken, daß ihr Gatte
Nicht viel Verständnis für sie hatte,
Nach zwanzig Jahr' bleibt nichts zurück
Vom Feuer und vom Eheglück.

Sie war, wie viele, unverstanden,
Das heißt, es kam ihr auch abhanden,
Der Honig, der ihr lieblich schien,
Und sonstiges von ihrem Bien.

Der Ehe waren auch gelungen
Zwei Töchter mit Befähigungen,
Die Zenzi zählte achtzehn Jahr,
Als Fanny kaum noch siebzehn war.

Sie waren beide rund entwickelt,
Nur daß die Fanny stark gepickelt
Von saurem Blute schien, und wohl
War schuld Papa sein Alkohol.

Der Grundcharakter der Erscheinung
War nach der allgemeinen Meinung
Der von Mama, sehr rund und nett,
Entwicklungsfähig im Korsett.

Den ditto hinteren Partien
War jetzt schon mancher Reiz verliehen,
Sie gaukelten im Zukunftsbild
Als angenehmes Lustgefild.

Soweit nun alles, was persönlich
Den Leser int'ressiert. Gewöhnlich
Hat die Familie zweckbestrebt
So mühelos als froh gelebt.

Am Vormittag beim Franziskaner,
Am Nachmittag dann nach getaner
Verdauung eine Tass' Kaffee.
So ähnlich war die Grundidee.

Des Abends ging dann ins Theater,
Was weiblich war, indes der Vater
Die Bettschwer sich durch Bier verschafft'
Und fünf, sechs Schoppen Rebensaft.

Des Nachts kam Amor an die Betten.
Vielleicht, daß ihn die Töchter hätten
Begrüßt, doch waren sie noch dumm.
Der Vater drehte sich bloß um.

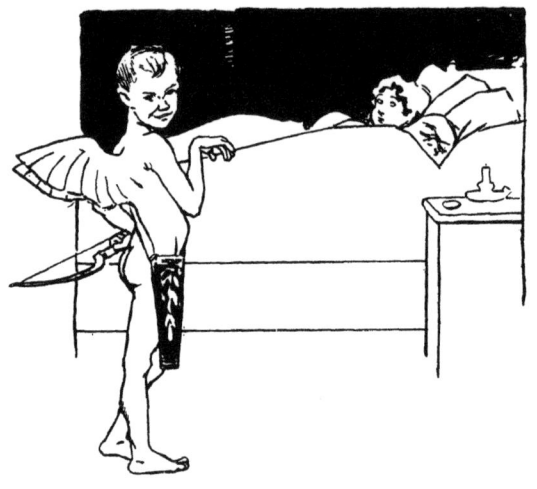

Mama sah ihn mit Seufzen wandern
Vermutlich hin zu einem andern,
Der dankbar sich dem Gott erschloß
Und nicht mit Zimmerstutzen schoß.

In dieser bürgerlichen Weise
Verbrachte man in Ramlers Kreise
Den Tages-, Wochen-, Mondenlauf.
In diesem Jahre hört' es auf.

Und zwar, wie stets am Isarstrande,
Kam das Verderbnis nun zustande
Im Karneval. Es war auch hier,
Wie immer, doch es waren vier.

Begonnen hat es bei der Mutter.
Sie war zu reif, zerging wie Butter
Am Feuer eines Augenblicks.
Fast ohne Walten des Geschicks.

Ihr Mann war wieder beim Tarocken,
Da konnte sie sofort verlocken
Ein Mensch von Schmederers Ballett.
Sie schwamm in Glück und er im Fett.

Der Sündenfall war unabwendlich
Und er geschah so selbstverständlich,
Als wenn es wirklich gar nichts wär';
Sie dachte ebenso wie er.

Und dachte an den Zimmerstutzen;
Das war ihr hinterher von Nutzen
Zu ihrer Selbstentschuldigung
Bei diesem ersten Seitensprung.

Merkwürdig doch, wie oft wir sehen
Das gleiche gleicherzeit geschehen,
Dies heißt dann wohl Duplizität
Der Fälle, wer sowas versteht.

Als Zenzi fiel, am gleichen Tage
War Ramler in derselben Lage,
Und glaubte, daß die Lumperei
Allein auf seiner Seite sei.

Das reizt so manche Gänseriche
Fast stärker wie das Eigentliche;
Die Sünde liegt im Intellekt
Und schwelgt in nichts als wie im Sekt.

Es war, vermittelst auch des Sektes,
Ein Sündenfall des Intellektes,
Und Ramler freute sich am Schein,
Ein lüderlicher Mensch zu sein.

Ihm diente förmlich zur Reklame
Das aufgeputzte Mensch, die Dame,
Mit der er so umschlungen saß
Und irgend etwas Teures fraß.

Den Schluß des Abends zu erraten,
Ist unschwer. Daß er noch in Taten
Der Schlechtigkeit zu Ende ging,
Die Meinung hiefür ist gering.

Jedoch der Wille und Versuche
Gereichen ebenso zum Fluche,
Weil immerhin, sagt der Jurist,
Die Absicht schon verwerflich ist.

So war nun Zenzi nebst dem Gatten
Auf schiefem Weg', und beide hatten
Die Schuld an dem verbotnen Gift,
Was ihre Töchter anbetrifft.

Er nicht daheim, *sie* auf dem Balle –
Du lieber Gott, in diesem Falle
Denkt sich ein Kind und sagt für sich:
Ich mach' es nach, und warum nich?

Für Zenzi gab sich ein gelockter
Student, ein sogenannter Dokter,
Mit so viel Dummheit eingefaßt,
Wie es für junge Mädchen paßt.

Im Anfang schüchtern, später frecher,
Zuletzt ein Sittlichkeitsverbrecher,
Zuerst ein froher Jugenddrang,
Dann zielbewußter Wachtelfang.

Erst sträubte sich die arme Trude,
Dann saß sie doch in seiner Bude;
Der Engel, der sie stets beschützt,
Entfernte sich, weil er nichts nützt.

Sie ging mit einer absoluten
Verwegenheit schon auf Redouten
Und sah als flotter Domino
Den Vater einmal irgendwo.

Und alles, was sie da bemerkte,
War so, daß es sie noch bestärkte.
Wie schnell entgleitet aus der Hand
Das zärteste Familienband!

So ging's bei Ramlers im Terzette.
Was aber, frag' ich, ja, was hätte,
Nun Fanny noch zurückgedrängt,
Wie sie an diesem Abgrund hängt?

Ein Zahnarzt war es, der die Ärmste
Durch Güte und aufs allerwärmste,
Fast väterlich darum beschwor,
Daß sie den Tugendpreis verlor.

Der Habicht wird nur desto kühner,
Wenn eins der sanften, guten Hühner
In seinen Krallen ängstlich hupft.
Die Federn werden ausgerupft.

Das »wie« erlaßt mir, euch zu schildern.
Es führte nur zu solchen Bildern,
Daß jemand mit bewegter Hand
Sie hinterlegt' als Denunziant.

Kurz: Fanny *war* die Pfirsichblüte
Von duftender Charaktergüte,
Und war entblättert und gepflückt,
Wie es so manchem Zahnarzt glückt.

Der Maler der Familie Ramler
Wird sozusagen Lumpensammler,
Die beiden Töchter, sie und er,
Wer schlechter ist? Die Wahl ist schwer.

Was dann? So frägt man tief in Sorgen;
Wie wird die Zukunft, wird das Morgen?
Wie kann es gehen? frag' ich mich.
Ich glaube, ziemlich sengerich.

Die Mutter ist nun schon im Schusse,
So weit von ihrem Geniusse,
So weit von ihrem alten Glück.
Die Alte findet nicht zurück.

Der Vater bleibt – das läßt sich denken –
Ein Lump, bis er in den Gelenken
Die Gicht verspürt. Am Marterpfahl
Wird er wohl fromm und klerikal.

Die Töchter werden sich entwickeln
In wilder Lust. Von ihren Pickeln
Wird Fanny im Gesichte frei.
Die Seele? Das ist zweierlei.

Hier kann nichts Gutes mehr entsprießen.
Papa wird zimmerstutzenschießen;
Die Mutter läßt es gern geschehn,
Sie achtet's nicht und denkt an wen.

Verlassen wir die öde Stätte!
Wenn jeder Mensch die Tugend hätte,
Die uns von selber innewohnt,
Dann würde sie nicht so belohnt.

Nachwort

von Bernhard Gajek

Um 1913, als dieses Büchlein erschien, gehörte Ludwig Thoma zu den erfolgreichsten deutschen Autoren. 1867 in Oberammergau als Sohn eines kgl.-bayerischen Oberförsters geboren, studierte er in München und Erlangen die Rechte. Doch Advokat zu sein, gefiel ihm nicht. So nahm er 1899 Albert Langens Angebot an, in die Redaktion des »Simplicissimus« einzutreten. Dem Protest gegen das Bündnis von Thron und Altar, den Militarismus und die bürgerliche Moral schloß er sich als »Peter Schlemihl« mit Lust an, und seine Verse lassen die Freude an Karikatur und Häme auf Schritt und Tritt spüren. Dazu gehört der Lobpreis des sittenlosen Münchner Karnevals.

Warum spricht Thoma nicht von »Fasching«? Die bairisch-österreichische, seit dem frühen Mittelalter belegte Form »Fasching« herrschte in München wie in ganz Bayern vor. Übernahm er »Karneval« von Albert Langen, der aus Köln stammte? Den außerbayerischen Lesern war das erst im 17. Jahrhundert aus dem italienischen »carnevale« entlehnte Wort geläufiger. Jedenfalls lancierte Langen die Sonderausgaben als »Karnevals-Nummern«. Im Februar 1907 hatte Thoma dort schon den Titel »Münchner Karneval« verwendet.

Thoma steuerte von 1908 bis 1912 alljährlich längere Gedichte bei. Sie schildern städtische Vergnügungen: Frauen und Mädchen lassen sich zu »Redouten, Bällen, Künstlerfesten« verführen, zum »Bal paré noch obendrein«. Die Worte weisen auf die französisch-höfische Herkunft. »Der Tanz« schildert Française, Schottisch und den »wilden Walzer«. Das sind städtische Tänze, wie überhaupt das Karnevalstreiben im 18. und 19. Jahrhundert von den Höfen in die bürgerliche Gesellschaft kam. In München wiesen Künstler wie Franz von Lenbach den Weg.

Auf dem Land wurde der derbere Fasching gefeiert. Aber dies ist in Thomas Karnevals-Balladen lediglich eine Möglichkeit, sich ländlich zu kostümieren und Landvolk zu spielen – als willkommene Freiheit und Lizenz zum Hinfassen und Aufs-Ganze-Gehen: Denn »Beim kernhaft echten Bauernstande« kauft man »die Katze nicht im Sack«. Der Kommentar des Autors ist eindeutig: »Ich heiße dieses kerngesund.« Gefeiert aber wurde in der Stadt. Die Künstler- und Atelierfeste in Schwabing waren beim männlichen Malvolk, den Malerinnen (den »Malweibern«) wie bei den Modellen entsprechend beliebt.

Der Rausch konnte über eine ganze Familie kommen – so über die »Familie Ramler«. Daß der von Zinsen und Mieten lebende Gatte und Vater mit »Tertel, Schaffkopf und Tarocken«, drei Kegelabenden pro Woche und beim Zimmerschützenbund voll beschäftig ist, nützen Mutter und Töchter aus und gehen teils erfahren, teils schüchtern und scheinbar widerstrebend Bündnisse für die bewegten Abende und Nächte ein, was die Ehrsamkeit der Familie gründlich und schwungvoll zerstieben läßt. Oder das »Abenteuer des Gymnasiallehrers« aus Freising: Unappetitlich und linkisch daherkommend, fühlt er sich vom »guten Sekt« und vom Busen seines »Domino« (Maskenmantel) beschwingt und setzt endlich in die Praxis um, was er bei den Hellenen oder Juvenal und Martial studiert hatte. Heinrich Manns Professor Unrat ist sein norddeutscher Bruder. Das Ende ist freilich nicht tragisch, sondern nur blamabel. Der Autor hält sich für die Nöte schadlos, die er selbst auf den Schulen auszuhalten hatte.

Thoma veranstaltete auch eigene Feste. 1904 und 1905 organisierte er das »Pippinger Veteranenfest« im Arzberger Keller und posierte täuschend echt als Bismarck, neben dem Napoléon III. den Degen an Wilhelm I. übergibt – ein lebendes Bild mit einem Dutzend »Simplicissimus«-Leuten, die entsprechend uniformiert waren. Für sie besorgte er auch 1906 das Faschingsfest und zeigte sich als Dachauer Bauer. Die Kollegen gingen als Stenz, nur der Verleger Langen kostümierte sich nicht. Im Jahr darauf beging man im kleineren Kreis den »Schwabinger Bauernkirta« – in oberbayerischer oder Dachauer Tracht.

Thomas eigener Geschmack paßte eher nicht zu den Bal-paré-Erfordernissen; denn dort waren Frack, Abendkleid oder Domino vonnöten. Was er für die Karnevals-Nummern des »Simplicissimus« dichtete, entsprang der Lust am Hohn auf jene Werte, die der »Simpl« ohnehin jede Woche aufs Korn nahm und so den Zorn der Familienväter erregte, die Frauen aber befreien sollte. Die durch Ehe und Familie eingeengten Mütter und Töchter werden als wahre Lebenskünstlerinnen hingestellt. Sie lassen sich bereitwillig auf die abendlichen Feste entführen, reizen ihren Galan zu den typischen Eroberungsposen und behalten doch die Oberhand – wenn auch nicht immer. Denn Mädchen wie d´Marie, die ehrliche und treue Kellnerin beim Hackerbräu, die durch den Fasching auf die schiefe Bahn gerät, oder Lilly, die Hamburger Senatorenenkelin, die als Akademie-Studentin in Schwabing sich emanzipiert, schwanger wird und den windigen Mirko heiraten muß, zeigen die Kehrseite der frivolen Medaille.

Bedenkt man, wie tödlich getroffen Thoma sich fühlte, als seine mit viel Geld erworbene, 1907 geheiratete Marion, eine exotisch wirkende Kabarett-Diseuse, ihn betrog und wie rasch er die Scheidung durchsetzte, wird man nachdenklich. Doch gerade diese Episode gehörte zu Thomas antibürgerlicher Attitüde, mit der er in seinen Karnevalsversen auftrumpfte. Sie sind im Stil Wilhelm Buschs gereimte Moritaten und lassen sich wie Bänkelsang auf der Bühne Station für Station absingen.

Wer waren die beiden Zeichner?

Ferdinand von Reznicek, 1868 in Sievering bei Wien geboren, hatte nach dem Vorbild des Vaters, eines k.u.k. Generals, die Militärlaufbahn eingeschlagen, nahm aber als Kavallerieoffizier den Abschied und studierte an der Münchner Akademie. 1896 holte ihn Albert Langen als einen der ersten zum »Simplicissimus«, und der verdankte den Ruf, jugendgefährdend zu sein, vor allem Rezniceks Zeichnungen: elegante, lebenslustige, üppige junge Frauen, die lüsterne Männer nasführen oder »im wohlbekannten Bacchanal« mit ihnen über die Tanzfläche wirbeln, bevor sie nachgeben. Seine Bilder waren für die Karnevalsnummern die ideale Entsprechung zu den unverhohlen anzüglichen Versen Ludwig Thomas, der den wenige Tage nach Albert Langens Tod – am 11. Mai 1909 – verstorbenen Kollegen entschlossen verteidigte: »Man hat Bezeichnungen wie frivol und pikant auf ihn angewandt; es gibt nichts, was falscher wäre und was sein Bild mehr verzeichnen würde.« Reznicek lieferte die Umschlagszeichnung und die Illustrationen zu »Das Abenteuer des Gymnasiallehrers« und zu »D´Marie«; die übrigen sind von Brynolf Wennerberg.

Brynolf Wennerberg (1866–1951) kam aus einer großbürgerlichen schwedischen Familie: Der Vater war Maler und der Onkel Kulturminister. Über Stockholm, Kopenhagen, Paris und Leipzig landete er in München. Beim »Simplicissimus« ersetzte er den verstorbenen Ferdinand von Reznicek. Dessen Witwe Anny, die als die schönste Frau Münchens galt, wurde Wennerbergs zweite Frau. Seine und Rezniceks Kunst ähnelten sich; beide malten und zeichneten mit Vorliebe attraktive Frauen in erotisch bestimmten Situationen und mit Partnern, die eher der mondänen als der militärischen Sphäre zugehörten. Doch hatte Wennerberg mit dem Kriegsbilder-Album »In der Heimat, in der Heimat ...« – Soldaten im Feld und auf Heimaturlaub – außerordentlichen Erfolg. Später schuf er einen neuen Typ des Werbeplakats für gehobenen Konsum. Berühmt wurde sein »Persil-Mädchen«. 1915 bezog er die dem Schuhbräu gehörende Villa Mina (»schlechter Stil von 1880«, so Thoma) am Kurpark in Bad Aibling und mietete das ehemalige Leibl-Atelier in der Hofmühle. In München stellte er im Glaspalast, im Haus der Deutschen Kunst und im Maximilianeum aus. In Bad Aibling sind er und Anny begraben.

Bernhard Gajek